Dieses Buch gehört

Liebe Eltern,

wir wollen Ihr Kind beim Lesenlernen unterstützen, und zwar mit Geschichten, die Spaß machen.

Unsere Bücher mit dem liebenswerten Leselöwen begleiten Ihr Kind durch die 1. Klasse. Sie enthalten eine spannende Geschichte mit einfachen Sätzen und gut lesbarer Schrift. Viele bunte Bilder sorgen für Lesepausen und helfen, die Geschichte zu verstehen. Mit den Aufgaben zum Text kann Ihr Kind selbst prüfen, ob es den Text richtig verstanden hat. Zu den markierten Wörtern warten am Ende des Buches spannende Fakten und in unserem Onlineportal finden Sie viele weitere Extras!

So wird Ihr Sohn oder Ihre Tochter zum echten Leselöwen!

Ihr

Leselöwe!

Leselöwen

Sandra Grimm

Der Goldschatz der Piraten

Illustriert von Dominik Rupp

Loewe

www.leseloewen.de

ISBN 978-3-7432-0098-2
3. Auflage 2025

Umschlag- und Innenillustration: Dominik Rupp
Umschlaggestaltung: Michael Dietrich
Vignetten Leselöwe: Angelika Stubner

Druck und Bindung: Drukarnia Dimograf Sp. z o.o.,
ul. Legionów 83, 43-300 Bielsko-Biala, POLEN
produktsicherheit@loewe-verlag.de

www.loewe-verlag.de

Inhalt

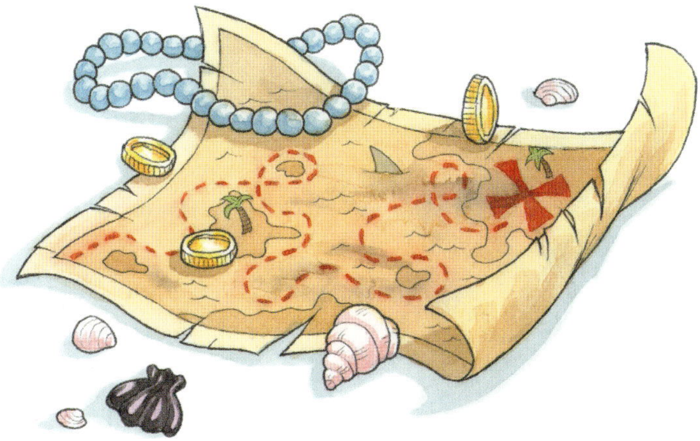

Alle Piraten wollen den Schatz

„Volle Kraft voraus!“,
ruft Pirat Joro.
Sein treues Schiff *Marta*
jagt durch die Wellen.

Joro ist **Kapitän** der *Marta*.
Er hat ein Ziel:
Das rote Kreuz
auf der Schatzkarte!

Doch auch Kapitän Momo
und seine rote Bande
wollen den **Schatz** erobern.
Wer wird schneller sein?

Ein blauer **Riesenkrake**
greift die *Marta* an.
Joro schießt mit Zitronensaft.
Der Krake taucht ab.

„Da ist die Insel!“,
ruft **Steuermann** Piet.
Endlich!

Das Schiff muss ankern.

Die Piraten steigen ins Boot.

Hein Klein rudert sie an Land.

Er ist der Stärkste.

Auch Momos Schiff ist jetzt da.
Alle springen an Land
und rennen los.
Aber Piraten sind fies.

Darum stellen sie sich Beine
und schubsen sich.
Hein Groß steht plötzlich
in Unterhose da.

Die roten Piraten lachen.

„Na und?“,

sagt Hein Groß.

„So bin ich schneller.“

Da ist doch etwas faul!

Er rast davon
und ist der Erste am Schatz.
„Der Schatz gehört uns!“,
verkündet Kapitän Joro.

Stimmt.

Piratengesetz.

Joro gräbt eine Kiste aus
und öffnet den Deckel.

Wie das glänzt und glitzert!

„Eier aus Gold!“,

jubelt Hein Klein.

Er wirft eins in die Luft.

Das Ei landet auf
dem Kopf von Hein Groß.
Es platzt.
Fauler Eiermatsch tropft herab.

Die roten Piraten lachen.
„Das sind nur angemalte Eier“,
schimpft Joro wütend.
„Ich räche mich.“

„Wir auch“,
rufen die roten Piraten.
„Wir wurden auch
betrogen!“
Alle schwingen die Säbel.

„Auf zum Totenkopf-Haus!“,
brüllt Hein Klein.
Da haben sie die Karte gekauft.
Los geht die Fahrt!

Diesmal greift der Krake
die roten Piraten an.
Momo pikt ihn mit dem Säbel.
Der Krake taucht ab.

Wer ist der fiese Betrüger?

Im Hafen springen alle
von ihren Schiffen
und rennen
ins Totenkopf-Haus.

Sie knurren gefährlich.
Sie fuchteln mit Pistolen
und tragen Messer
zwischen den Zähnen.

„Wer hat uns
die falsche Karte verkauft?“,
brüllt Joro zornig.
Es wird totenstill.

Eine große Gestalt steht auf.
„Ich war das“,
sagt sie mit dunkler Stimme
und setzt die Kapuze ab.

„Mama?“, ruft Joro entsetzt.
„Mama!“, ruft auch Momo.
Joro und Momo
sind nämlich Brüder.

„Hallo, Jungs“,
sagt Piratenkönigin Paola.
„Ich wollte,
dass ihr euch mal vertragt.“

„Zur Belohnung ist hier
ein echter Schatz."
Paola rollt eine Karte auf.

Mitten auf der Karte
ist ein riesiger Krake.
„Der blaue Krake
hat den Schatz?“

Joro und Momo stöhnen.
Der Krake ist bestimmt
sehr sauer auf sie!

Zusammen schaffen wir das!

Tapfer stechen sie in See.
Bald schon
taucht der blaue Krake auf.
Er ist so riesig!

Joro und Momo stehen
auf ihren Schiffen.
Alle Piraten sind bereit.
Sie holen tief Luft ...

… und singen!
„Ja, ja, so blau, blau, blau
ist der Kraken-Boss,
lalalalala …“

Der Krake lauscht.
Plötzlich hebt er seinen Arm.
Doch er holt nur den Schatz.
Dann verschwindet er im Meer.

Schon wieder goldene Eier!
Hein Groß haut sich
eines auf den Kopf.
Aua, das ist echt!

Die Piraten jubeln
und umarmen sich.
Das haben sie sich
wirklich verdient!

Fragen und Antworten

1. Welche Farbe hat Kapitän Momos Piratenbande? Kreuze an.

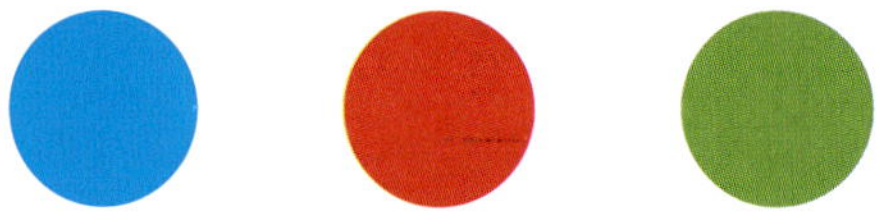

Antwort: Rot

2. Wie heißt der stärkste von Joros Piraten? Kreuze an.

- ☐ Hein Blöd
- ☐ Hein Klein
- ☐ Hein Groß

Antwort: Hein Klein

3. Woher stammt die falsche Karte? Trage die fehlenden Buchstaben ein.

TO _ _ NKO _ F - H _ US

Antwort: Totenkopf-Haus

4. Lies genau in Spiegelschrift. Wer hat den Piraten die falsche Karte gegeben? Kreuze an.

- ☐ amaN
- ☐ amaM
- ☐ omoM

Antwort: Mama

5. Welche Farbe haben die Eier im Piratenschatz? Finde das Wort im Buchstabengitter.

R	O	S	B	I
O	G	E	L	T
M	O	H	A	G
E	L	K	R	N
L	D	A	G	S

Antwort: Gold

Schon gewusst?

Kapitän (Seite 9):

Der bekannteste deutsche Piratenkapitän war Klaus Störtebeker. Er lebte vor über 600 Jahren und überfiel die Handelsschiffe in der Nord- und Ostsee.

Schatz (Seite 10):

Den größten Piratenschatz aller Zeiten hatte die *Whydah* geladen: Heute wäre er über 400 Millionen Dollar wert! Die *Whydah* sank vor über 300 Jahren. Das Wrack wurde inzwischen entdeckt und einen Teil des Schatzes kann man im Museum bewundern – viele Münzen liegen aber immer noch am Meeresboden.

Riesenkrake (Seite 11):

Es gibt viele Erzählungen über Riesenkraken, die mit ihren langen Tentakeln ganze Schiffe versenken. Heute hält man sie für Seemannsgarn, also für Unfug. In den Geschichten werden die achtarmigen Kraken oft mit zehnarmigen Kalmaren verwechselt. Kalmare werden zwar groß, aber auch nicht groß genug, um ein ganzes Schiff zum Kentern zu bringen.

Steuermann (Seite 12):

Der Steuermann hält das Schiff auf dem richtigen Kurs. Er kann Seekarten lesen und behält das Schiff bei jedem Wetter unter Kontrolle.

Piratengesetz (Seite 18):

Auf Piratenschiffen galt ein sogenannter Piratenkodex. Alle Piraten mussten einen Eid der Treue und Ehre schwören und die Regeln unterschreiben. Erst dann gehörten sie zur Mannschaft.

Blättere schnell um und trage die blauen Buchstaben in der richtigen Reihenfolge in die Kästchen ein!

Sandra Grimm wurde 1974 geboren und schreibt seit vielen Jahren mit Begeisterung bunte, dicke, lustige, dünne, spannende, schöne und gruselige Geschichten für große und kleine Kinder.

Dominik Rupp, Jahrgang 1989, studierte Design mit dem Schwerpunkt Illustration an der Fachhochschule Münster. Bereits während des Studiums arbeitete er für zahlreiche renommierte Verlage. Heute ist er freischaffender Illustrator und lebt in Aachen.

Das Leselöwen-Lösungswort

Besuche den Leselöwen auf **www.leseloewen.de** und trage die farbigen Buchstaben von den Seiten *Schon gewusst?* in der richtigen Reihenfolge in die magische Box ein.

Wenn du das Lösungswort gefunden hast, kommst du auf die geheime Seite mit vielen weiteren Spielen und Rätseln!

Der **Leselöwe** freut sich auf dich!